Les Titres Non-Fiction par Janvier T. Chando

ICÔNES ET SCÉLÉRATS: Les Assassinats Politiques Récents qui ont Transformé les Pays…
LES HÉROS FALLES: Les Dirigeants Africains dont les Assassinat sont Désorganisé…
CAMEROUN: Le Système de Marionnettes Dysfonctionnel de la France…
UKRAINE: Le Bras de Fer entre la Russie et l'Occident
LE CAMEROUN: Le Cœur Hanté de l'Afrique

Les Titres Fiction par Janvier Chando

The Usurper: et Autres Histoires
Agent Triple, Double Croix
Les Disciples de Fortune
L'Union Moujik
Le Flash du Soleil
L'Appel de Fortune
Le Maître de Fortune
Les enfants de Fortune
La Fille sur le Sentier
La Légende du Feu et de la Glace
La Plus Douce Folie
Les Grand-mères
L'Incendie de la Faim
Moi avant Eux
Le Père et les Fils
Les Médecins
Les Teintes Sombres
Liens Fatidique
Le Verdict de l'Hadès
Le Procès de Sa Majesté
La Folie de Ngoko
L'Usurpateur
Le Dot
Je suis Détesté
Le Lourdaud

Les Nouveaux Titres de Janvier Chando

Le Faucon Blanc
Les Amis Mortels
Les Ours de Norilsk
La Dérive à la Maison

LA MORT QUI A ÉTRANGLÉ LE CŒUR DE L'AFRIQUE:

L'assassinat déshumanisant de Patrice Lumumba du Congo et le Déraillement de l'Ancienne Colonie Belge

Janvier Tchouteu

TISI BOOKS

NEW YORK, RALEIGH, LONDRES, AMSTERDAM

LA MORT QUI A ÉTRANGLÉ LE CŒUR DE L'AFRIQUE:

L'assassinat déshumanisant de Patrice Lumumba du Congo et le Déraillement de l'Ancienne Colonie Belge

ISBN-13: 978-1-9770-9570-1
ISBN-10: 1-9770-9570-4

PUBLIÉ PAR TISI BOOKS
www.tisibooks.com

NEW YORK, RALEIGH, LONDRES, AMSTERDAM

Imprimé aux États-Unis d'Amérique

REMERCIEMENTS

Mots spéciaux d'appréciation à ma Tante Anna Mapajane Chitja pour m'avoir présenté à l'héritage de Lumumba.

DÉVOUEMENT

Le livre est dédié à tous les dirigeants emblématiques et légendaires dont le but était de servir l'humanité et de faire progresser le bien-être de l'humanité, en particulier ceux qui ont été tués dans leurs missions historiques par les forces perverses de ce monde.

LA MORT QUI A ÉTRANGLÉ LE CŒUR DE L'AFRIQUE:

L'Assassinat Déshumanisant de Patrice Lumumba du Congo et le Déraillement de l'Ancienne Colonie Belge

Les Citations

« Les colonialistes ne se soucient pas de l'Afrique pour elle-même. Ils sont attirés par les richesses Africaines et leurs actions sont guidées par le désir de préserver leurs intérêts en Afrique contre les vœux du peuple Africain. Pour les colonialistes, tous les moyens sont bons s'ils les aident à posséder ces richesses. »

«Le jour viendra où l'histoire parlera. Mais ce ne sera pas l'histoire qui sera enseignée à Bruxelles, Paris, Washington ou aux Nations Unies ... L'Afrique écrira sa propre histoire et, tant au Nord qu'au Sud, ce sera une histoire de gloire et de dignité. »

«L'indépendance politique n'a pas de sens si elle ne s'accompagne pas d'un développement économique et social rapide. »

« Sans dignité il n'y a pas de liberté, sans justice il n'y a pas de dignité, et sans indépendance il n'y a pas d'hommes libres. »

« Un minimum de confort est nécessaire pour la pratique de la vertu. »

« La seule chose que nous voulions pour notre pays, c'est le droit à une vie digne, à la dignité sans prétention, à l'indépendance sans restrictions. Ce n'était jamais le désir des colonialistes Belges et de leurs alliés occidentaux. »

« Ces divisions, que les puissances coloniales ont toujours exploitées pour mieux nous dominer, ont joué un rôle important — et jouent encore ce rôle — dans le suicide de l'Afrique. »

« Nous savons que l'Afrique n'est ni Française, ni Britannique, ni Américaine, ni russe, qu'elle est Africaine. Nous connaissons les objets de l'Occident. Hier, ils nous ont divisés au niveau d'une tribu, d'un clan et d'un village ... Ils veulent créer des blocs antagonistes, des satellites...»

« Personne n'est parfait dans ce monde imparfait. »

« L'unité et la solidarité Africaines ne sont plus des rêves. Ils doivent être exprimés dans les décisions. »

« La libération de l'esprit du peuple africain sera une bataille plus difficile que l'éradication des régimes coloniaux des colons. »

Contents

LES CARTES

L'Ancien Congo Belge (Congo Kinshasa) sur la carte du monde

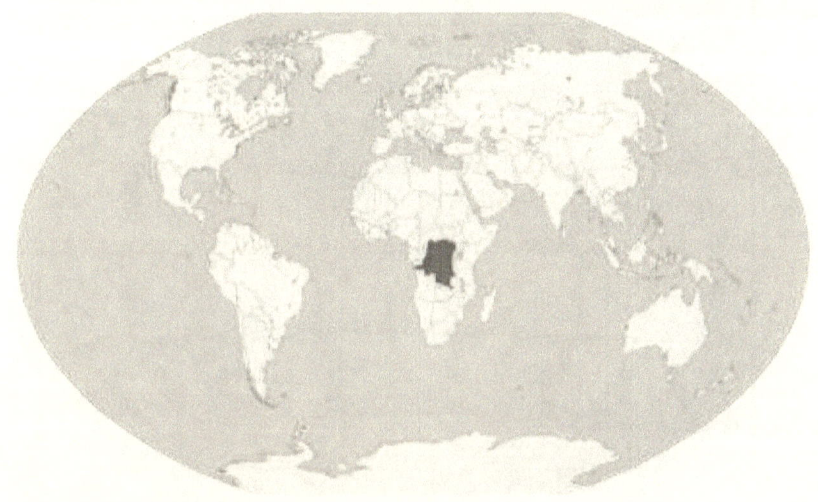

Les Ressources Naturelles de la Région d'Afrique Centrale

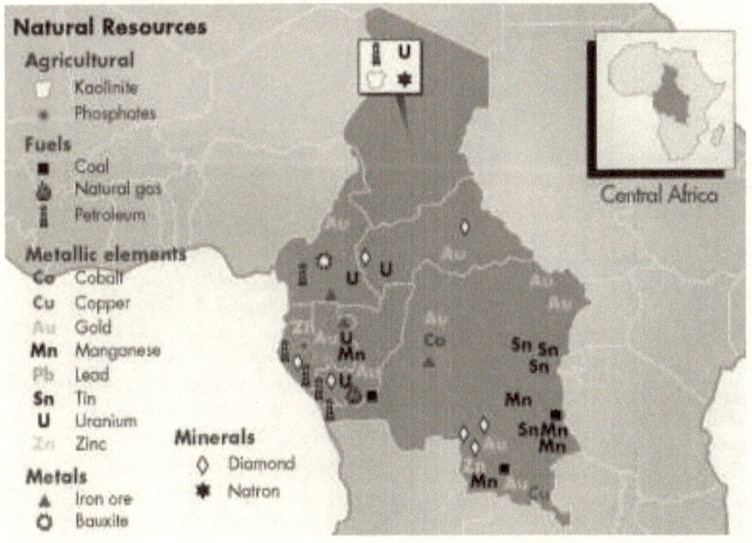

Carte Administrative du Congo (1960)

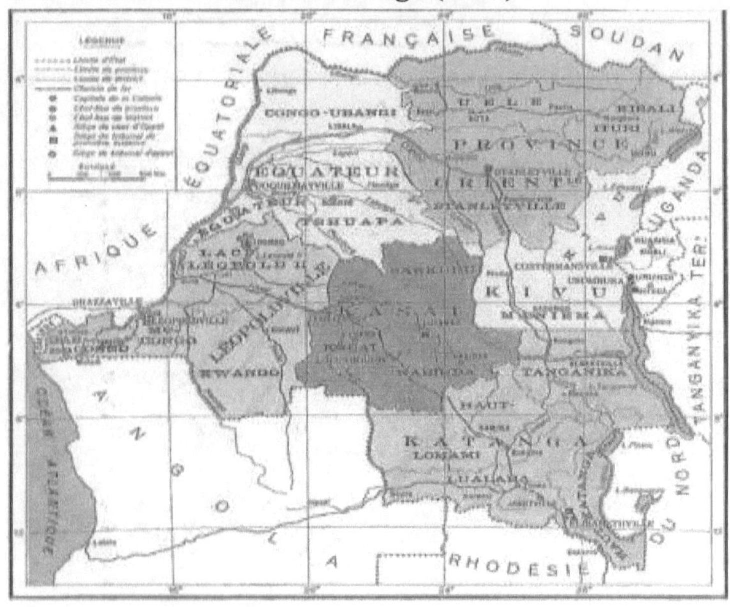

Carte Administrative de la République Démocratique du Congo (2019)

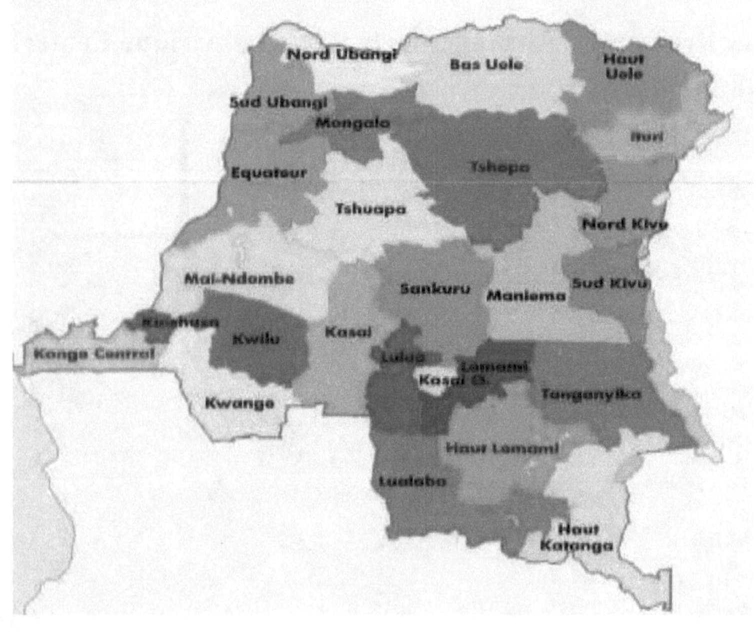

INTRODUCTION

Dans ma recherche de la raison pour laquelle certains points géopolitiques existent dans le monde, dans ma curiosité pour comprendre pourquoi certains pays et le monde en général ont connu des changements soudains et dramatiques qui ont conduit à la guerre, à l'instabilité ou à une réorientation de leur Des politiques nationales et étrangères qui ont non seulement affecté ces pays mais aussi influencé certaines régions ou le monde entier, j'ai exploré les assassinats politiques au cours des dizaines de décennies passées qui ont changé notre monde. Par notre monde, je veux dire nos communautés, pays, régions et l'humanité dans son ensemble.

En traitant les différents assassinats qui ont eu lieu au cours des années, j'ai utilisé une approche caractérisée par la sociologie politique, où j'ai analysé succinctement les facteurs historiques et sociaux qui ont conduit non seulement aux assassinats, mais aussi à l'assassinat de ces personnages historiques. Et à partir de ces facteurs, nous sommes présentés avec une idée ou des images de la façon dont la société affectée a évolué depuis le (s) événement (s) traumatique (s).

A partir des contrecoups qui ont suivi l'assassinat de

personnages historiques, légendaires ou iconiques, nous pouvons apprendre quelque chose d'utile et proposer des scénarios ou des attentes en tant que calamités si des leaders particuliers sont assassinés, et agir ainsi en empêchant leurs assassinats.

Chapitre Un

La Syrie est déjà assez grave, c'est une atrocité assez terrible. Mais il y en a bien pire dans le monde. Ainsi, par exemple, les pires atrocités de la dernière décennie se sont déroulées au Congo, dans l'est du Congo, où peut-être 5 millions de personnes ont été tuées.
Noam Chomsky — 8 Octobre 2013

Patrice Lumumba

Patrice Lumumba peu avant sa mort

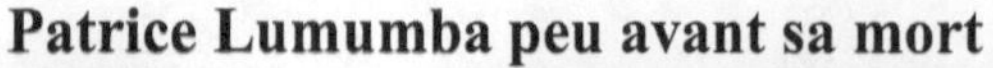

L'assassinat, le 17 Janvier 1961, de Patrice Lumumba, premier Premier Ministre démocratiquement élu de ce qui est aujourd'hui la République démocratique du Congo (RDC), est considéré par beaucoup d'Africains comme «l'assassinat le plus important du 20ème siècle » parce qu'il a détruit pays, polarisée et paralysée les pays de l'Afrique, résultant en une désunion que le continent doit encore se récupérer. Ce crime odieux était l'aboutissement de deux complots d'assassinats entre des éléments des gouvernements Américain et Belge qui utilisaient des complices Congolais et une escouade d'exécution Belge pour assassiner le chef de cette nation infantile au cœur de l'Afrique qui venait d'obtenir son indépendance de la Belgique le 30 Juin 1960.

Les historiens, les sociologues et les géopoliticiens s'accordent à dire que le Congo est le pays le plus traumatisé d'Afrique et du monde, et que de toutes les atrocités que le Congo a connues dans son histoire maltraitée, l'assassinat de Patrice Lumumba était l'acte le plus cruel. En fait, c'est considéré à juste titre comme le péché originel du pays.

L'assassinat a eu lieu moins de sept mois après l'indépendance de ce territoire occupant 7,7% de la masse continentale de l'Afrique. L'acte a transformé en pierre d'achoppement les espoirs de mettre en œuvre les nobles idéaux de l'unité nationale Congolaise, la prospérité matérielle, la démocratie, l'indépendance économique, la liberté et la solidarité panAfricaine que Lumumba défendait. Ce qui ne peut pas être négligé est le fait que son assassinat a porté un coup brisant aux espoirs, aux rêves et aux aspirations de millions de Congolais. Sa mort a aussi désillusionné un nombre encore plus grand d'Africains à travers le continent.

Le fait que l'une des plus grandes universités de l'Union Soviétique —l'Université de l'Amitié des Peuples de Russie fondée le 05 Février 1960, a été rebaptisée «L'Université Patrice Lumumba » le 22 Février 1961, et le fait que cet établissement d'enseignement supérieur éduquer près d'une centaine de milliers d'étrangers, les Africains pour la plupart, souligne la signification historique de la mort du jeune Africain en Afrique et dans le reste du monde pendant la guerre froide.

En effet, l'importance historique de l'assassinat réside dans une multitude de facteurs, dont les plus pertinents étaient le contexte global dans lequel :

- il a eu lieu (le président Eisenhower a autorisé l'assassinat, la CIA a procédé à son enlèvement et son transfert; et l'Organisation des Nations Unies, et son secrétaire général Dag Hammarskjöld, l'Union Soviétique et le M16 Britannique furent impliqués dans la débâcle, et les Belges dirigèrent son meurtre et ceux de ses deux associés avant de se débarrasser des corps en les déterrant et en les dissolvant dans l'acide sulfurique, et puis fondre et disperser les os âpres)

- son impact sur la politique Congolaise depuis lors

- et l'héritage global de Lumumba en tant que leader nationaliste-civique et icône panAfricaniste. Après tout, il travaillait avec Félix Moumié, le leader du mouvement de libération Camerounais que les services secrets Français (SDECE) avaient empoisonné à Genève, en Suisse, le 3 Novembre 1960.

Chapitre Deux

Une question qui a été répandue dans la sphère géopolitique est celle-ci:

Pourquoi les Etats-Unis, la Grande-Bretagne, la France et la Belgique se sont-ils impliqués dans l'assassinat du premier dirigeant démocratiquement élu du Congo?

Tout a commencé en Avril 1884, sept mois avant le Congrès de Berlin, lorsque les États-Unis d'Amérique sont devenus le premier pays au monde à reconnaître les revendications du roi Belge Léopold II sur les territoires du bassin du Congo. Ces territoires sont devenus connus sous le nom d'État libre du Congo. Le roi Léopold l'a jugé comme sa propriété privée, en utilisant un petit cadre d'administrateurs blancs qui ont été tirés de toute l'Europe.

La Carte de Partition de l'Afrique: 1884-1914

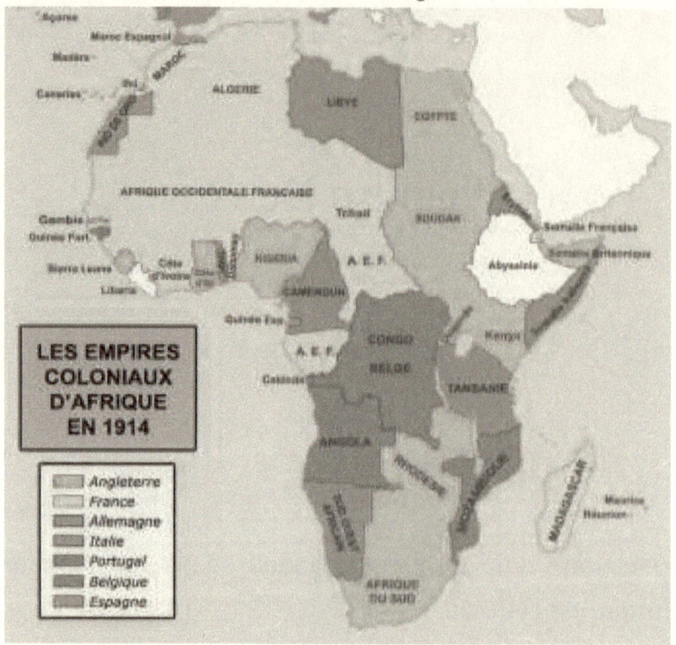

L'État indépendant du Congo a fait du roi Léopold l'un des monarques les plus riches du monde, un accomplissement démesuré étant donné qu'il était le roi d'un pays aussi petit que la Belgique. Mais cela a coûté très cher à la population Africaine indigène qui a été obligée de fournir une main-d'œuvre non payée qui n'était pas différente de l'esclavage, dans l'exploitation des ressources minérales, forestières et agricoles du pays pour le monarque Belge. Cependant, lorsque les atrocités liées à l'exploitation économique brutale de l'État indépendant du roi Léopold ont fait des millions de morts, les États-Unis se sont joints à d'autres puissances mondiales pour forcer l'État Belge à prendre l'État libre du Congo comme colonie régulière et d'arrêter les meurtres et les mutilations de la population Congolaise indigène - un génocide en soi.

Ce n'est qu'après la transformation du Congo en une colonie régulière que les États-Unis d'Amérique ont acquis une participation stratégique dans l'énorme richesse naturelle du territoire. En fait, les États-Unis a utilisé l'uranium des mines Congolaises pour fabriquer les premières armes atomiques qui ont été utilisées dans les villes japonaises d'Hiroshima et de Nagasaki, menant à la fin abrupte de la Seconde Guerre Mondiale dans le Pacifique.

L'importance stratégique du Congo riche en ressources en particulier et de l'Afrique riche en ressources en général, particulièrement pour aider les Alliés à gagner la Seconde Guerre mondiale, est devenue une malédiction par la suite lorsque le continent a cherché l'indépendance de ses maîtres coloniaux. C'était à une époque où la guerre froide dominait la géopolitique. L'Amérique et ses alliés occidentaux ont résolu de donner aux colonies l'indépendance, mais pas le type d'indépendance que le reste du monde connaissait. Les puissances occidentales n'étaient pas prêtes à laisser le peuple des colonies Africaines exercer un contrôle effectif sur les matières premières stratégiques sur leurs territoires, de peur que ces ressources ne tombent entre les mains des pays du camp Soviétique ou communiste. C'est pourquoi les intérêts occidentaux ont perçu une menace dans la volonté de Patrice Lumumba de parvenir à une véritable indépendance pour le Congo et de prendre le contrôle total des ressources du pays pour le développement de la nation infantile et l'amélioration des conditions de vie du peuple Congolais.

Les Ressources Naturelles de la Région d'Afrique Centrale

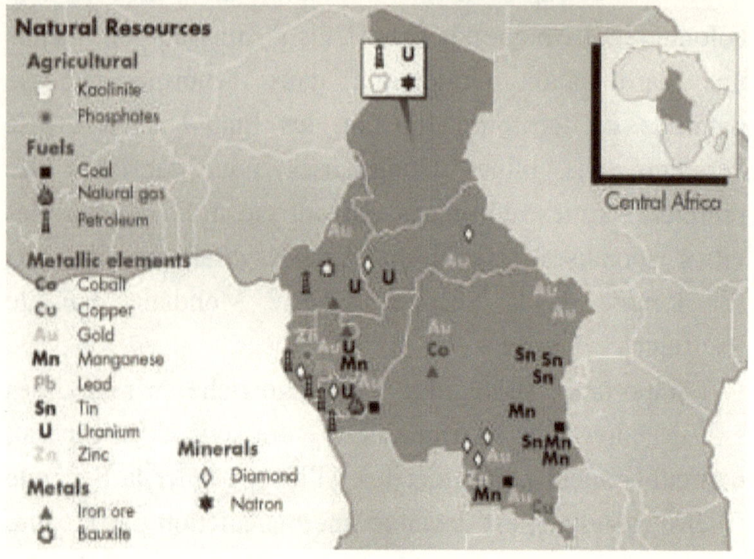

Pour arrêter Patrice Lumumba, les Etats-Unis et la
Belgique ont tout mis en œuvre, notamment l'utilisation du
secrétariat des Nations Unies dirigé par Dag Hammarskjöld
et Ralph Bunche, l'achat du soutien des rivaux Congolais
de Lumumba, le silence de certains dirigeants Africains
favorables à Lumumba et l'objectif panAfricaniste qu'il
partageait, et l'achat des services de tueurs à gages
(mercenaires) pour éliminer l'obstacle à leur bon contrôle
du Congo, un pays qu'ils entendaient n'être rien de plus
qu'un Etat quasi-indépendant soumis à les leaders
occidentaux et les intérêts occidentaux.

Chapitre Trois

Juste après l'indépendance du Congo, le 30 Juin 1960, la Belgique et ses alliés occidentaux ont sapé la stabilité de la nation infantile en encourageant une opposition virulente au gouvernement de Lumumba en utilisant des politiciens Congolais soutenus par l'Occident. En fait, en Décembre 1960, le Congo relevait effectivement de quatre gouvernements distincts, dont trois étaient sous les pouces des factions anti-Lumumba soutenues par les puissances occidentales. C'étaient:

- le gouvernement central dans la capitale Congolaise de Léopoldville (Kinshasa)
- un gouvernement central rival établi par les partisans de Lumumba à Stanleyville (Kisangani)
- un régime sécessionniste dans la province minière du Katanga, riche en ressources minérales, sous la direction de Moise Tshombe
- et une autre administration sécessionniste dans la province du Kasaï Sud sous la direction d'Albert Kalonji.

Avec la liquidation de Lumumba six mois après l'indépendance du Congo, avec la suppression de ce que les géopoliticiens occidentaux considéraient comme la menace majeure pour leurs intérêts dans le nouveau pays, la Belgique, la Grande-Bretagne, la France et les Etats-Unis ont mené des efforts internationaux répandre l'autorité du régime modéré et pro-occidental à Kinshasa sur l'ensemble du Congo. C'était une stratégie à deux volets impliquant l'utilisation de la nouvelle armée Congolaise créée par l'Occident sous le commandement du régime soutenu par l'Occident de Mobutu Sese Seko, et l'utilisation de casques bleus des Nations Unies. La stratégie était si efficace que le bastion Lumumbiste dans l'Est du pays autour de Kisangani tomba en Août 1961. Le Kasaï Sud se replia en Septembre 1962 et la sécession du Katanga fut renversée en Janvier 1963.

La crise du Congo en 1961

Après avoir démantelé le Congo nouvellement indépendant afin de saper Lumumba, après avoir assassiné Lumumba et installé un gouvernement fantoche, puis l'avoir dirigé pour unir et stabiliser le pays à nouveau, les puissances occidentales ont été surprises quand un mouvement social radical pour une «deuxième indépendance» a surgi, contester l'état néocolonial et son leadership pro-occidental. C'était un mouvement de masse de travailleurs, de fonctionnaires inférieurs, de chômeurs urbains, de paysans et d'étudiants. Ils étaient dirigés par les lieutenants de Lumumba, dont la plupart s'étaient regroupés dans l'ancienne capitale Congolaise Française de Brazzaville, à travers le fleuve Congo depuis l'ancienne capitale Congolaise de Kinshasa.

La Rebellion Simba de 1964

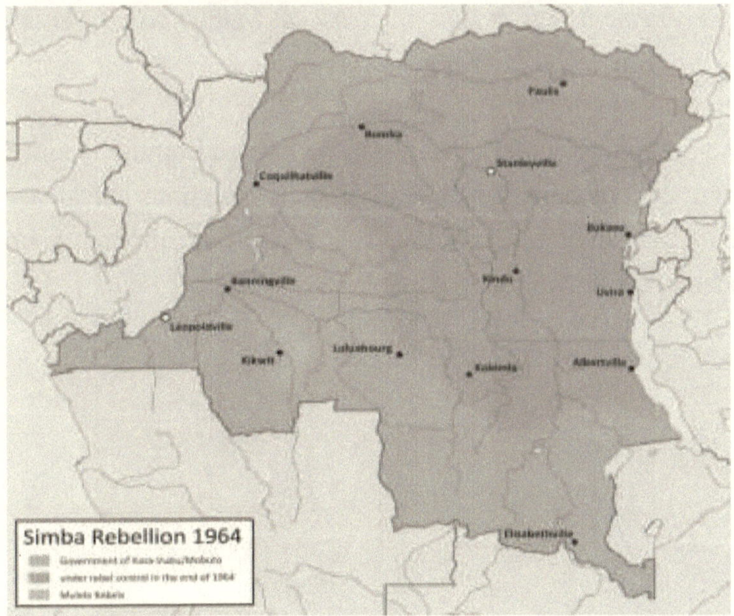

En Octobre 1963, ces Lumumbistes s'installent dans un Conseil de libération nationale (CNL) avec pour mission d'évincer le régime de Mobutu et de créer un Congo Nouveau. Ils ont été pris au sérieux au point où l'Union Soviétique leur a donné une assistance militaire. Certains des quelques gouvernements panAfricanistes survivants sur le continent ont également apporté leur soutien. Même Ernesto Che Guevara, l'icône révolutionnaire argentine et le commandant en second de Fidel Castro, ont établi une base au Congo pour les aider. En fait, quand Che Guevara a écrit en 1964 que:

« Nous devons aller de l'avant, en frappant sans relâche contre l'impérialisme. De partout dans le monde, nous devons apprendre des leçons que les événements offrent. Le meurtre de Lumumba devrait être une leçon pour nous tous.»

Il a commencé l'immortalisation de Patrice Lumumba après avoir échoué dans son expédition au Congo pour galvaniser les Lumumbistes contre le gouvernement fantoche occidental de Mobutu Sese Seko.

Chapitre Quatre

Les rues, les parcs, les places, les aéroports, les statues et les autres infrastructures abondent dans tous les continents du monde, portant le nom de Lumumba en l'honneur d'un altruiste, un homme qui a embrassé le nationalisme-civique, qui était opposé à la division de son pays le long de lignes régionales, et qui ont soutenu le pan-Africanisme et la libération de tous les territoires coloniaux non seulement en Afrique, mais aussi dans le reste du monde.

L'héritage de Patrice Lumumba continue à inspirer la politique Congolaise aujourd'hui alors que des dizaines de partis politiques clament leur foi en ses idées de «neutralité positive», qui préconise le retour aux valeurs Africaines et qui rejette toute idéologie importée, y compris celle de l'Union Soviétique :

« Nous ne sommes ni communistes ni catholiques, nous sommes des nationalistes Africains», a déclaré un jour Patrice Lumumba.

Les panAfricanistes (ceux qui rêvent d'une future Union économique Africaine avec un système politique intégré et une structure militaire) chérissent l'héritage de Lumumba et le placent aux côtés de Kwame Nkrumah du Ghana, Sékou

Touré de Guinée, Julius Nyerere de Tanzanie et les dirigeants liquidés du parti historique de Cameroun — connu comme l'UPC (L'Union des populations du Cameroun) —qui a mené la lutte pour l'réunification et l'indépendance du pays, en tant que des icônes de l'ère de l'indépendance qui a semé les graines de l'Union Africaine qui doit être réalisé.

Le 31 Mai 1997, un Lumumbiste a accédé au pouvoir après avoir dirigé une rébellion à grande échelle contre le règne de Mobutu qui souffrait d'une santé défaillante. Il l'a fait sous le drapeau de l'Alliance des forces démocratiques pour la libération du Congo-Zaïre (ADFL), et avec le soutien de Le Rwanda, l'Ouganda et le Burundi, marquant ainsi la fin de la Première Guerre du Congo, un exploit qui mettait seulement six mois à ADFL pour se rendre maître du pays, un territoire qui représente un peu plus de la moitié de la superficie de l'Union européenne. Laurent-Désiré Kabila, comme le nouveau président ou l'ennemi juré de Mobutu s'appelait, a fait une déclaration puissante lorsqu'il a changé le nom du pays du Zaïre en République Démocratique du Congo, c'est ainsi que l'on a connu la nation d'Afrique centrale de 1964 à 1971.

Laurent-Désiré Kabila n'est pas venu de nulle part. En fait, en 1965, il était devenu le plus distingué des lieutenants de feu Patrice Lumumba après la crise du Congo au début des années 1960 et la rébellion contre Mobutu Sese Sékou que l'a suivie. Che Guevara l'a reconnu lors de son expédition au Congo, alors même que le révolutionnaire Argentin pensait que son homologue Congolais était trop distrait à l'époque, concluant qu'il n'était "pas l'homme de l'heure".

Même si les anciens alliés de Laurent Kabila (Rwanda, Ouganda et Burundi) se sont retournés contre lui un an plus tard, en soutenant une nouvelle rébellion contre son pouvoir sous la bannière du Rassemblement pour la Démocratie congolaise (RDC), déclenchant ainsi la Deuxième Guerre du Congo. Il a bien perdu le contrôle de l'est du Congo, mais l'héritage de Lumumba a prévalu alors qu'il s'accrochait au sud et à l'ouest du pays avec l'aide des troupes de l'Angola, de la Namibie et du Zimbabwe. Laurent Kabila serait tué par sa garde le 1er Janvier 2001, un an et demi après le retrait de toutes les troupes étrangères du pays. Cependant, l'héritage de Lumumba n'a jamais été abandonné car son fils, Joseph Kabila, lui a succédé et a gouverné jusqu'au 25 Janvier 2019, lorsque Félix Tshisekedi est devenu le nouveau président après sa victoire à l'élection présidentielle qui avait eu lieu un an auparavant. L'équipe Kabila et l'équipe du nouveau président ont conclu une alliance de travail début 2019, qui a abouti à un accord de partage du Cabinet entre la FCC, alignée sur Kabila, et l'alliance CACH de Tshisekedi, qui a assuré le maintien au pouvoir des forces qui reconnaissent le rôle positif joué par Patrice Lumumba dans l'histoire Congolaise, même s'ils ne respectent pas les normes qu'il a défendues.

Noam Chomsky a bien exprimé la perte tragique de Patrice Lumumba lors d'une interview accordée le 11 Septembre 2013 à la célèbre journaliste spécialisée dans la radiodiffusion, chroniqueuse et journaliste sous enquête, et à l'auteur Amy Goodman, dont les missions d'enquête l'ont menée dans des pays tels que le Nigeria et le Timor Oriental. Il a dit que:

«L'assassinat de Lumumba, auquel les États-Unis étaient impliqués, au Congo a détruit le principal espoir de développement de l'Afrique. Le Congo est maintenant une histoire d'horreur totale, pendant des années »

Le professeur Noam Chomsky, qui est considéré par beaucoup de gens comme le plus grand intellectuel du monde, est également respecté en tant que grand historien, linguiste, philosophe, activiste politique, scientifique cognitif et critique social américain, dont la maîtrise de la philosophie analytique est enviable. Ainsi, lorsqu'il continue à retourner au Congo pour souligner la situation critique du pays en tant que victime de l'esclavage, du colonialisme, du néo-colonialisme, de la guerre froide, de l'impérialisme et aussi du mondialisme, nous comprenons pourquoi certains experts disent que l'entité géopolitique est le cœur étranglé de l'Afrique dont les ressources semblent être une malédiction qu'une bénédiction. Lorsqu'il a fait remarquer à son public que:

«Le minéral principal de votre téléphone portable, le coltan [un minerai métallique noir], provient de l'est du Congo. Les sociétés multinationales exploitent les très riches ressources minérales de la région. Un grand nombre d'entre eux soutiennent des milices qui se battent pour prendre le contrôle des ressources ou

d'une partie de celles-ci.»

Il a souligné la raison pour laquelle ce pays, qui occupe la majeure partie de l'espace de l'Afrique moyenne ou centrale, est le terrain de jeu des forces étrangères qui voient en Afrique et ses riches ressources rien que du butin qui peut être pillé à peu de frais ou à rien en éliminant ceux qui soutiennent la défense des intérêts de la terre et du peuple, puis en les remplaçant par des compradors qui travailleraient pour les intérêts étrangers et leurs propres intérêts, au détriment des intérêts de leurs pays et de leurs peuples.

Indice de Démocratie: l'Afrique et le Monde

La Carte Politique de l'Afrique

www.ingramcontent.com/pod-product-compliance
Lightning Source LLC
Chambersburg PA
CBHW031434250726
48656CB00002B/986